SERGEJ O. PROKOFIEFF

Der Jahreskreislauf und die sieben Künste

STUDIEN UND VERSUCHE

39

SERGEJ O. PROKOFIEFF

Der Jahreskreislauf und die sieben Künste

VERLAG FREIES GEISTESLEBEN

Die Deutsche Bibliothek – CIP-Einheitsaufnahme

Prokof'ev, Sergej O.:
Der Jahreskreislauf und die sieben Künste /
Sergej O. Prokofieff. –
Stuttgart: Verlag Freies Geistesleben, 1994
(Studien und Versuche; 39)

ISBN 3-7725-0069-2

NE: GT

Einband: Walther Roggenkamp

Druck: Greiser Druck, Rastatt

Inhalt

Vorwort

Die folgenden Darstellungen bilden den Inhalt eines Vortrags, der an mehreren Orten gehalten wurde. Ursprünglich waren sie als eine Ergänzung und Fortsetzung meines Buches *Der Jahreskreislauf als Einweihungsweg zum Erleben der Christus-Wesenheit – eine esoterische Betrachtung der Jahresfeste* gedacht. Deshalb mag für das Verstehen dieser Ausführungen die Kenntnis des Buches hilfreich sein. Aber auch ohne diese können sie wohl verstanden werden. Eine wichtige Grundlage dafür bildet aber der Vortrag, den Rudolf Steiner am 29. Dezember 1914 in Dornach über Umwandlungsimpulse für die künstlerische Evolution der Menschheit (in *Kunst im Lichte der Mysterienweisheit,* Gesamtausgabe Bibliographie-Nummer 275) gehalten hat. Die darin beschriebene Anordnung der verschiedenen Künste und ihre Verbindung mit den Wesensgliedern des Menschen haben die wichtigsten Anregungen für meine Ausführungen gegeben.

Stuttgart, den 3. Februar 1994 *Sergej O. Prokofieff*

Der Jahreskreislauf und die sieben Künste

Eines der größten Geheimnisse des Jahreskreislaufs besteht darin, daß dieser ein lebendiger Organismus ist. Zu einem lebendigen Organismus aber gehört stets ein Lebensrhythmus. Wir kennen solche Rhythmen im menschlichen Leben. Einer der wichtigsten ist der Ein- und Ausatmungsrhythmus, ein anderer der Rhythmus des Wechsels von Tag und Nacht. Aus der Geisteswissenschaft ist bekannt, daß am Tage alle vier Wesensglieder des Menschen – physischer Leib, Ätherleib, Astralleib und Ich – zusammenwirken. Dagegen löst sich der Zusammenhang, wenn der Mensch einschläft: Der physische Leib und der Ätherleib bleiben im Bett, während der Astralleib und das Ich in die geistige Welt emporsteigen. Etwas Ähnliches, aber auf viel umfassendere Weise, können wir im Leben des lebendigen Organismus Erde beobachten. Auch bei der Erde haben wir es mit Prozessen zu tun, die als eine Art Einatmen und Ausatmen oder, genauer gesagt, als eine Art Einschlafen und Aufwachen bezeichnet werden können, und auch die Erde in ihrem Wachzustand besteht aus vier Gliedern. Rudolf Steiner beschreibt diese Prozesse in seinem Vortragszyklus *Der Jahreskreislauf als Atmungsvorgang der Erde und die vier großen Festeszeiten.*[1] Beim «Einschlafen» trennen sich Seele und Geist der Erde von ihrem physisch-ätherischen Leib und steigen, ähnlich wie beim Menschen, in die geistigen Höhen. Nur vollzieht sich bei der Erde im Jahresrhythmus, was sich beim Menschen im Tagesrhythmus abspielt.

Der Tagesrhythmus des Menschen beginnt am Morgen. Wir haben es beim Aufwachen mit etwas zu tun, was mit dem Lebensbeginn zu vergleichen ist. Darauf folgt der Mittag mit seiner vollen Kraftentfaltung, der Abend mit seiner Müdigkeit und dem Einschlafen, das wie ein kleiner Tod im Leben steht. Auch bei unserer Erde haben wir zu einer bestimmten Jahreszeit einen Prozeß, der als Aufwachen und damit in gewisser Beziehung als Jahreskreisbeginn bezeichnet werden kann. Das ist der Herbst. Zur Herbstzeit beginnt die Erde wach zu werden; während der Weihnachtszeit erreicht sie die größte Wachheit und Bewußtseinshöhe, um im weiteren Verlauf des Jahres wieder in den Schlaf hinüberzugehen, dessen tiefster Punkt in der Sommerzeit liegt. So können wir sagen: Von einem gewissen Standpunkt aus beginnt der Lebenszyklus der Erde mit ihrem Aufwachen im Herbst. Dieser

Lebenszyklus hat seine Gesetzmäßigkeiten, und wie Wegweiser auf dem Weg des Jahres stehen die Jahresfeste.

Wenn wir diese großen Feste aber nicht einzeln und voneinander getrennt betrachten, sondern als Stationen auf einem konsequent durchgehenden Weg durch das Jahr, dann müssen wir auch bei der Festesbetrachtung im Herbst, das heißt mit dem Michaelfest beginnen.

Dieses Michaelfest hat eine ganz besondere Stellung innerhalb des gesamten Zyklus der Jahresfeste. Während die anderen Feste durch Anthroposophie im 20. Jahrhundert erneuert wurden, wurde durch sie für das Michaelfest zum erstenmal eine wirkliche Grundlage dafür geschaffen, daß es einmal in der Zukunft in seiner vollen spirituellen Bedeutung entstehen kann. Rudolf Steiner hat oft darauf hingewiesen, daß im Jahre 1879 eine neue Michael-Epoche begann. Von da an und durch die nächsten drei bis vier Jahrhunderte ist Michael der die Menschheit führende Geist.[2] Rudolf Steiner charakterisiert Michael auch als diejenige Wesenheit, deren Hauptaufgabe von Urbeginn an die Verwaltung der kosmischen Intelligenz im Weltenall ist, das heißt der kosmischen Gedanken der Hierarchien.[3] Diese Gedanken der Hierarchien, nach denen der Kosmos einst aufgebaut wurde und die sich in der ganzen Architektonik des Weltenalls offenbaren, wurden durch Rudolf Steiner in menschlich begreifbare Form übersetzt und in der Gestalt der Anthroposophie auf die Erde gebracht. So gesehen ist die Anthroposophie kosmische Intelligenz, durch Menschengedanken erfaßt. Wenn wir diese Bedeutung der von Michael verwalteten Intelligenz ahnen, können wir unseren ganzen Kosmos als einen aus Welteninteligenz gebauten, großartigen Tempel erleben. Daraus kann sich die Imagination bilden, wie Michael in diesem großen Welten-Sonnentempel an einem kosmischen Altar, vor den Antlitzen der höheren Hierarchien als deren Diener und Repräsentant, einen Weihedienst vollzieht, der als wesentlicher Teil des *kosmischen Kultus* angesehen werden kann. Ein Resultat dieser Weihehandlung ist das opfervolle Herabströmen kosmischer Intelligenz auf die Erde, und ein Abbild dieses Prozesses auf der Erde ist die Anthroposophie. Sie steht ursprünglich als ein mächtiger Gedankenkosmos vor uns, wo ein jeder Teil den anderen ergänzt, trägt und verständlich macht und der doch durch das gewöhnliche Menschenbewußtsein erfaßt werden kann. Dadurch stellt sich die Anthroposophie als ein höchstes, mit einer Art Gedankenarchitektur vergleichbares Kunstwerk dar. Nur wurde das mächtige Gedankengebäude nicht willkürlich aufgebaut, sondern es ist ein wahres Abbild der substantiellen Architektonik unseres Kosmos. Solche lebendig erlebte Anthroposophie bildet die erste Stufe des modernen Einweihungsweges; Rudolf Steiner nannte sie einmal in der *Geheimwissenschaft im Umriß* «das Studium der Geisteswissenschaft, wobei man sich zunächst der Urteilskraft bedient, welche man in der physisch-sinnlichen Welt gewonnen hat».[4]

Das Erlebnis der Anthroposophie als Abbild des ganzen geistigen Kosmos in der Gedankensphäre und gleichzeitig als eine Gabe Michaels[5] an den Menschen durch die Vermittlung Rudolf Steiners bildet eine Grundlage dafür, daß in der Zukunft ein würdiges Michaelfest entstehen kann. Rudolf Steiner hat oft betont, daß, um das Michaelfest zu begründen, keine Hellsichtigkeit notwendig ist[6] – im Gegensatz zu allen anderen Jahresfesten, die ursprünglich aus alten hellseherischen Kräften entstanden sind. Unbedingt erforderlich aber ist das künstlerische Gefühl, daß die Anthroposophie der Architektonik unseres Kosmos verwandt ist und deren Abbild im menschlichen Denken darstellt. So können wir sagen: Wenn die irdische Architektur eine Projektion von Gesetzen des physischen Leibes des Menschen nach außen ist, ist Anthroposophie die Projektion der kosmischen Gesetze in das Innere des Menschen oder die Projektion des kosmischen Menschen in sein Inneres. In diesem Sinne formuliert Rudolf Steiner das Leitmotiv des zukünftigen Michaelfestes: «Ideen-erfüllt erlebt die

Seele Geistes-Licht, wenn der Sinnenschein nur wie Erinnerung in dem Menschen nachklingt.»[7] So erlebt die mit den Gedanken der Anthroposophie erfüllte Seele im Michaelfest das Licht, das zu dieser Zeit aus dem kosmischen Tempel Michaels zu den Menschen strahlt.

☆

Die nächste Stufe auf dem modernen Einweihungsweg, die dem Studium folgt, ist, gemäß der *Geheimwissenschaft im Umriß*, «die Erwerbung der imaginativen Erkenntnis».[8] Aber zwischen der oben erwähnten ersten und dieser zweiten Stufe haben wir eine sehr wichtige Zwischenstufe. Um diese besser zu verstehen, müssen wir genauer darauf eingehen, wie sich der Denkprozeß im Menschen abspielt. Unser Denken hat seine ursprüngliche Quelle im menschlichen Astralleib. Aber es tritt nur dann in unser Bewußtsein, wenn es von dort durch den physischen Leib widergespiegelt wird. Dieses im Astralleib verlaufende, aber durch den physischen Leib abgespiegelte Denken bedient sich der Urteilskraft, «welche man in der physisch-sinnlichen Welt gewonnen hat». Mit diesem Denken gerüstet, können wir so weit im Studium der Anthroposophie fortschreiten, daß wir sie als ein großartiges, der höheren Realität entsprechendes Gedankengebäude erleben. Und es ist möglich, auf diesem Weg noch einen Schritt weiterzugehen; denn unser Denken kann lebendig werden, indem der Widerspiegelungsprozeß aus dem physischen in den ätherischen Leib übertragen wird, die Prozesse, die in unserem Astralleib ablaufen, also nicht vom physischen, sondern vom ätherischen Leib in unserem Bewußtsein widergespiegelt werden. Eine solche innere Beschaffenheit des Denkens hatte in großer Vollkommenheit Goethe. Der Grund dafür lag unter anderem in einer seiner früheren Inkarnationen, wo er zur Zeit Platos im alten Griechenland als Bildhauer lebte.[9] Durch die Betätigung dieses Denkens konnte er aus eigener Erfahrung über die Urpflanze und das Metamorphosenprinzip sprechen. Zwar war das bei ihm noch nicht ein voll entwickeltes imaginatives Hellsehen – er hat weder die Gruppenseelen der Pflanzen noch die Elementarwesen geschaut –, aber es war auch nicht unser gewöhnliches Denken. Der Unterschied zwischen dem letzteren und dem lebendigen Denken besteht darin, daß dieses nicht nur fertige Gedanken erfaßt, sondern beginnt, Gedanken aus innerer Aktivität plastisch zu gestalten. Dabei geschieht diese Gestaltung nicht nach den physischen Gesetzen der Vernunftlogik und Kausalität, sondern nach den ätherischen Gesetzen der Metamorphose. Bei dieser viel stärkeren inneren Aktivität geht die Seele mit Gedanken so um, wie ein Bildhauer mit dem Ton umgeht, aus dem er verschiedene Gestalten zu formen vermag.

So haben wir es hier mit einer Art innerer Bildhauerei zu tun, während die Architektur die Projektion von Gesetzmäßigkeiten des physischen Leibes nach außen und die Skulptur die Projektion von Gesetzmäßigkeiten des menschlichen Ätherleibes nach außen ist. Die schönsten Leistungen in dieser Richtung stellen die klassischen griechischen Skulpturen dar. In ihnen haben wir sichtbare Offenbarungen reiner Ätherkräfte des Menschen; daher sind sie auch so keusch und leidenschaftslos. Denn zur Schulung eines Bildhauers in den griechischen Mysterien gehörte es, seinen astralischen Leib so beherrschen zu lernen, daß nichts aus ihm in das reine Abbild von Ätherkräften in Stein oder Ton einfloß. Wenn wir irgendwo in den griechischen Plastiken ein leidenschaftliches (astralisches) Element finden, dann stehen diese Werke schon auf der Grenze der wirklichen Schönheitsvorstellungen der Griechen.[10] Solche Werke haben wir beispielsweise im Laokoon (siehe Abbildung) oder in den verschiedenen Darstellungen von Dämonischem. Für letzteres ist der Pergamonaltar (siehe Abbildung) ein schönes Beispiel, wo beim Kampf der Götter mit den Titanen erstere ganz leidenschaftslos, letztere dagegen von der Triebhaftigkeit einer dämonischen Astralität aufgewühlt dargestellt sind.

Der Priester Laokoon wird mit seinen Söhnen von den Schlangen Poseidons erwürgt. Um 30 v. Chr. Vatikanische Museen, Rom.

Athenagruppe. Ostseite des Pergamonaltars. Pergamonmuseum, Berlin.

Die Trennung des Ätherischen vom niedrigen Astralischen ist auch für das lebendige Denken notwendig. Denn um das lebendige Denken an die wirklichen Naturgeheimnisse heranzuführen, darf der Denker seine Gedanken nicht willkürlich gestalten, sondern er muß in seinem Inneren etwas wie einen Schauplatz darbieten, auf dem sich die Tatsachen der Welt aussprechen können. In diesem Sinne ist der gereinigte und gezügelte Astralleib eine der wichtigsten Voraussetzungen nicht nur für das lebendige Denken als solches, sondern überhaupt für das richtige Einleben in die imaginative Welt. So sagte Rudolf Steiner einmal, daß Goethe in seinem Wesen am wenigsten luziferisch gewesen sei.[11] Das Erlangen der Selbstlosigkeit des Astralleibes wurde in Griechenland mit dem Wort Katharsis bezeichnet; um diese zu erreichen, sind im Jahreskreislauf durch die wunderbare Weisheit der Weltenlenkung die vier Adventswochen oder die Wochen der «Erwartung» gesetzt. In diesen Wochen vor Weihnachten kann der Mensch die Selbstlosigkeit seines Astralleibes üben: die Selbstlosigkeit des Wollens in der ersten Woche, des Wollens und Fühlens in der zweiten Woche, des Wollens, Fühlens und Denkens in der dritten Woche; oder anders gesagt: die Kontrolle der Handlungen in der ersten Woche, die Kontrolle der Gefühle in der zweiten und die Kontrolle der Gedanken in der dritten Woche. Denn aus diesen drei Elementen besteht das Leben des menschlichen Astralleibes.

Wenn so während der drei ersten Adventswochen eine gewisse Stufe der Selbstlosigkeit des Astralleibes erreicht ist, ist der Mensch innerlich bereit, in der vierten Woche in die Welt der objektiven Imagination einzutreten. Dann hat er in sich die Kraft, die ihn befähigt, sein Denken nicht nur durch seinen Ätherleib widergespiegelt zu erhalten, sondern es jetzt unmittelbar in seinem Astralleib zu erfassen. Dann erlebt er bewußt dasjenige, was er sonst nur unbewußt, während des Schlafzustandes, durchmacht, wenn er außerhalb seines physischen und ätherischen Leibes weilt. Das ist nichts anderes als ein Hineintreten in die Welt der objektiven Imagination oder in die Welt, aus der die Menschenseele durch die Geburt auf die Erde heruntersteigt und von wo auch das paradiesische Wesen kam, das dann der Christus-Träger wurde. Daraus ergibt sich, daß dieses Eintreten in die imaginative Welt im Jahreskreislauf am besten zur Weihnachtszeit geschehen kann. Mehr noch, es wird das besonders harmonisch vor sich gehen, wenn das erste, was der Mensch in der imaginativen Welt erlebt, die Weihnachtsimagination ist: das jungfräuliche Frauenwesen mit dem Kind auf dem Schoße. Ihr Antlitz kann in der Imagination so erlebt werden, daß sich in ihm der ganze Sternenkosmos widerspiegelt, der, wie wir gesehen haben, den großen Weltentempel bildet. Und das Kind, das sie auf ihrem Schoße trägt, ist die Offenbarung der Ätherkräfte der Sonne, der Kräfte des ursprünglichen Ätherleibes der Menschheit, der in der Bibel als Lebensbaum beschrieben wird.[12] Weiter nach unten, in den reichen Falten ihres Gewandes, haben wir die überwundenen und geläuterten Mondenkräfte, die Kräfte des menschlichen Astralleibes, der die volle Katharsis durchgemacht hat.

Diese Imagination kann um die Weihnachtszeit real in der Menschenseele auftreten, wenn während der

Adventszeit der Astralleib genügend gereinigt wurde. Ihr Erscheinen kann im Sinne der alten Mysterien als Erleuchtung oder *Photisma* bezeichnet werden. In gewisser Beziehung ist diese Imagination eine Offenbarung des gereinigten Astralleibes, der bereit ist, das Höhere in sich aufzunehmen und ihm den Mutterboden abzugeben. Aus diesem Grund wurde schon von Anfang an in den Kreisen des esoterischen Christentums der voll gereinigte Astralleib als Jungfrau Sophia bezeichnet.[13] Die Widerspiegelung geistiger Imaginationen im Irdischen ist die Kunst des Malens, und diese Kunst erreicht das Höchste, wenn sie imstande ist, geistige Prozesse im gereinigten Astralleib abzubilden. Auf diesem Wege ist zum Beispiel die Sixtinische Madonna von Raffael entstanden.[14]

☆

Alle drei beschriebenen Stufen können aber auch ohne besondere innere Dramatik durchgemacht werden; selbst die Imaginationen können dem Menschen so gegeben werden, daß sie eine harmonisierende und unterstützende Wirkung auf sein Leben haben. Man kann heute zum Beispiel Menschen begegnen, die Elementargeister oder auch ätherische Prozesse in der Natur wahrnehmen und die daraus Trost und Zuversicht für ihr Leben schöpfen. Dieser ruhige

Charakter ändert sich aber sofort, wenn das Hellsehertum in die wirkliche Einweihung übergeht.[15] Denn in der Einweihung hat der Mensch nicht nur mit der Vergangenheit zu tun, sondern auch mit der Zukunft. Letztere aber trägt immer einen dramatischen Charakter. Um sie kennenzulernen, muß der Mensch die Schwelle zur geistigen Welt in voller Bewußtheit überschreiten, und er muß aus seiner eigenen Kraft die Brücke über den Abgrund des Daseins schaffen. Dieser Abgrund, der ein anfängliches Hellsehen von den ersten Einweihungsstufen trennt, liegt zwischen der imaginativen und der inspirativen Stufe. Aus diesem Grunde sagte Rudolf Steiner, daß die *eigentliche* Einweihung mit der Stufe der Inspiration beginnt.[16] Sie wird auch als «Lesen der verborgenen Schrift» bezeichnet.[17] Die Schwierigkeit, welcher der Schüler an dieser Stelle begegnet, wird schon daraus ersichtlich, wie Rudolf Steiner den Übergang von der Imagination zur Inspiration charakterisiert. Da muß der Schüler nämlich alles, was er auf der imaginativen Stufe aufgebaut hat, aus seinem Bewußtsein wegschaffen und die Kraft haben, im vollkommen leeren Bewußtsein zu leben, ohne sich dabei im Daseinslosen zu verlieren.[18]

Eines der bekanntesten Werke von Friedrich Nietzsche ist *Die Geburt der Tragödie aus dem Geiste der Musik.* Hier kann man umgekehrt sagen, die

Geburt der Musik vollziehe sich aus dem Geiste der Tragödie. Dieses Erlebnis des Abgrundes ist verbunden mit dem Übergang aus dem geistigen Raum in den Strom der geistigen Zeit, und er bedeutet Eintreten in die wirkliche geistige Welt, welche die Seele sonst in dieser Form nur nach dem Tode erlebt. Das ist heute durch die Tat des Christus möglich, der durch seine Inkarnation in einem Menschenleib den Impuls der vergeistigten Zeit in die absterbenden Raumesverhältnisse der Erde hereingebracht hat.[19] Dadurch wurde für die geistsuchenden Menschen der bewußte Aufstieg über die imaginative in die inspirative Sphäre möglich. In dieser höheren Sphäre erlebt der Mensch zum ersten Mal die Offenbarung seines höheren Ich, das in der Welt der mächtigen kosmischen Inspirationen erklingt. Wie aus dem weltumfassenden Meer der Sphärenharmonien, die noch von den Pythagoräern gehört wurden, erscheint, selber tönend, dieses höhere Ich. Auf der Erde kann man dieses Erlebnis nur durch die Kunst der Musik wiedergeben. Durch sie offenbart sich das Ich des Menschen in seinem Astralleib. Ein Bild dafür ist Orpheus, der durch das Spielen auf seiner Harfe die wilden Tiere, das heißt die Triebgewalten des Astralleibes, aus seinem Ich heraus zum Frieden, zur Harmonie und Verwandlung bringt.

Im Jahreskreislauf sind die Erfahrung des Daseinsabgrundes und die damit verbundene Bewußtseinsverwandlung durch die zwölf Heiligen Nächte gekennzeichnet, die einen Weg von Jesus zu Christus zeigen, vom Menschlichen zum Göttlichen in uns, zur ersten Begegnung mit dem höheren Ich.

Der Abgrund, der zwischen Weihnachten und Epiphanias liegt und der den Abgrund zwischen Mensch und Gott darstellt, ist nur dadurch zu überwinden, daß dem Menschen der Christus, der einzige Mensch gewordene Gott, zu Hilfe kommt. Daß diese Hilfe möglich wird, ist verbunden mit dem Eindringen in das Mysterium seiner Verkörperung. Sie geschah bei der Taufe im Jordan, und dieses Geheimnis bildet den inneren Gehalt des Epiphaniasfestes.

Im letzten Vortrag des Zyklus *Das Initiaten-Bewußtsein*[20] spricht Rudolf Steiner davon, daß in der Zukunft von allen Künsten nur die Musik imstande sein werde, das Mysterium der Inkarnation Gottes am Jordan darzustellen, das Geheimnis der Verbindung des göttlichen Ich zuerst mit dem Astralleib eines Menschen und dann mit seinen zwei weiteren Hüllen. Denn nur dadurch, daß an diesem Punkte der Menschheitsentwicklung der Gott Mensch wurde, kann der Mensch den richtigen Weg in die göttliche Welt finden.

Daß man es bei der Taufe im Jordan nicht nur mit Imaginationen, sondern vor allem mit Inspirationen zu tun hat, zeigt nicht nur die Stimme vom Himmel:

«Dieser ist mein von meiner Liebe erfüllter Sohn, in dem ich mich selber offenbare»,[21] sondern auch die Tatsache, daß bei der Taufe die Imaginationen aus der Tierwelt genommene Formen erhalten. Die reinen Imaginationen können nur durch pflanzliche Gestalten ausgedrückt werden. Wenn sie aber von Inspirationen durchdrungen werden, nehmen sie beispielsweise die Gestalt einer Taube oder eines Lammes an, wie sie sich dem hellseherischen Blick des Johannes offenbarten (Joh. 1, 29 und 32).[22]

☆

Die hier beschriebene erste Offenbarung des höheren Ich aber ist noch nicht seine volle Offenbarung. Diese erfolgt erst auf der nächsten Stufe des Einweihungsweges, auf der Stufe der Intuition. In seinem Buch *Die Schwelle der geistigen Welt*[23] schreibt Rudolf Steiner über die drei Hauptaspekte des menschlichen Ich: das gewöhnliche Ich, das andere oder höhere Ich und das wahre Ich des Menschen. Ihre Urbilder entsprechen Weihnachten, Epiphanias und Ostern, welche die drei Stufen der Vereinigung des Christus mit dem menschlichen Dasein darstellen.

In der *Geheimwissenschaft im Umriß* beschreibt Rudolf Steiner, daß dem Geistesschüler nur in der Intuition das Mysterium von Golgatha zu seiner eigenen

Erfahrung werden kann.[24] Nur in der Intuition kann das Mysterium des Logos, des Wortes, verstanden werden. Denn in diesem Logos offenbaren sich in der geistigen Welt die Kräfte aller neun Hierarchien, wie es im vierten Rhythmus der Grundstein-Meditation durch Rudolf Steiner am Samstag, dem 29. Dezember 1923, auf der Weihnachtstagung dargestellt wurde.[25] Man kann auch sagen: Die erste, die höchste Hierarchie offenbart sich im Weltenwort mehr auf dramatische Weise wie in Blitz und Donner, die zweite mehr auf epische Weise, die dritte, in das Innere des Menschen eindringende, wirkt mehr lyrisch. Dieses Zusammenwirken aller Hierarchien verbindet sich nun durch das Mysterium von Golgatha mit der Erde und bildet die Grundlage für die zukünftige Wortkunst, wo das Wort magisch, das heißt schöpferisch, Leben erzeugend in die Welt wirkt. So sagte Rudolf Steiner einmal, daß der Mensch in der Zukunft ein Mikrologos, ein Abbild des Makrologos werde.[26] Aus diesem Grund kann gerade die Kunst des Wortes den Geheimnissen von Golgatha am nächsten kommen. Wie große Meilensteine stehen in der Menschheitsgeschichte die Werke der Wort-Kunst, durch welche die Menschen zum Begreifen der vollen Bedeutung des Mysteriums von Golgatha gebracht werden können. Zu ihnen gehören vor allem das Johannes-Evangelium und in unserer Zeit die Grundstein-Meditation von Rudolf Steiner. Alles das ist zutiefst mit der Entfaltung des Grundimpulses der Gralsmysterien verbunden. Rudolf Steiner beschreibt, wie durch diese Mysterien der Mensch in ferner Zukunft seinen Kehlkopf so verwandeln wird, daß daraus ein neues Reproduktionsorgan entsteht, mit dem er seinesgleichen auf geistige Art hervorbringen kann.[27] Dadurch wird der Mensch imstande sein, allein durch das Wort bis in die physische Materie hinein schöpferisch zu werden. Dieses Ideal beschreibt Rudolf Steiner mit den Worten: «Und die Zeit muß kommen, da das Fleisch wiederum zum Worte wird und lernet im Reich des Wortes zu wohnen.»[28] Eine Vorstufe zu dieser entfernten Zukunft wird, 3000 Jahre nach unserer Zeit, die Erscheinung des Maitreya Buddha sein; er wird, nach Rudolf Steiner, «Worte haben, die unmittelbar durch ihre magische Kraft zu moralischen Impulsen werden bei Menschen, die sie hören».[29]

Die ersten Schritte zu dieser großen Zukunft wurden durch die Begründung der neuen Kunst der Sprachgestaltung aus der Anthroposophie heraus getan, wo das Menschenwort Kräfte entwickelt, die eine ätherisch-moralische Wirkung haben können.

Nach der Intuition schreitet der Geistesschüler auf dem Einweihungsweg zu noch höheren Stufen. Ihre Beschreibung im Zusammenhang mit den Jahresfesten findet der Leser in dem Buch des Verfassers *Der Jahreskreislauf als Einweihungsweg zum Erleben der*

Christus-Wesenheit.[30] Hier wollen wir jedoch den Zusammenhang zwischen den Jahresfesten und den verschiedenen Künsten betrachten. Aus dem bereits Gesagten ersehen wir, daß die Künste reale Wege zum Erkennen der großen Weltgeheimnisse sind, wie sie in den Hauptfesten des Jahres zur Offenbarung kommen. Auf diese Eigenschaft der Künste hat schon Goethe hingewiesen, als er vom Schönen als einer «Manifestation geheimer Naturgesetze» sprach, «die uns ohne dessen Erscheinung ewig wären verborgen geblieben».[31]

☆

Im Jahreskreislauf bildet die nächste Stufe nach Ostern das Himmelfahrtsfest. Um dieses Ereignis besser zu verstehen, müssen wir auf den menschlichen Ätherleib hinschauen. Dieser trägt zwei Tendenzen in sich: einerseits das ihm wie eingeborene Streben, sich mit der großen Sonnensphäre zu verbinden, von der er ursprünglich stammt; andererseits eine mehr materielle Tendenz, indem die materialistischen Gedanken und Gefühle des heutigen Menschen den Ätherleib an die Erde binden und ihn von seiner kosmischen Heimat abschnüren; dadurch wird der menschliche Ätherleib mehr und mehr dem physischen Leibe ähnlich und nimmt von ihm die Todeskräfte auf. In beiden

Fällen könnte der Mensch seine weitere Evolution auf der Erde nicht vollziehen. Würde der Ätherleib seiner Tendenz zur Sonne folgen, würde es für den Menschen unmöglich, sein individuelles Dasein auf der Erde zu erhalten. Und durch das Aufnehmen zu vieler Todeskräfte in den Ätherleib würde die Menschheit dazu verurteilt, auf der Erde auszusterben. Damit sie weiterhin ihren Weg auf der Erde gehen kann, mußte eine Möglichkeit gefunden werden, schon auf der Erde, ohne sich von ihr zu trennen, gegenüber den Todeskräften den vollen Umfang der dem Ätherleib ursprünglich eignenden kosmischen Kräfte aus der Sonnensphäre zu erhalten. Diese Möglichkeit wurde durch die Himmelfahrt des Christus geschaffen.

In der diesem Fest zugrundeliegenden Imagination wird dargestellt, wie sich das Christus-Wesen mit der Tendenz des menschlichen Ätherleibes zur Sonne hin verbindet und ihm dadurch schon im Erdenbereich diejenigen Sternen- und Planetenkräfte mitteilt, die früher dem Ätherleib unmittelbar nur in der Sonnensphäre zu eigen waren.[32] Dieser Prozeß bildet die Grundlage einer weiteren Kunst, einer Kunst, die erst in unserer Zeit, im 20. Jahrhundert geschaffen wurde. Es ist die Kunst der Eurythmie. Diese können wir in Wirklichkeit nicht verstehen, ohne auf die beschriebene Weise in das Mysterium der Himmelfahrt einzudringen, denn in der Eurythmie haben wir schon auf der Erde die Offenbarung derjenigen kosmischen Gesetzmäßigkeiten im Ätherleib des Menschen, die von dem Christus durch seine Himmelfahrt in ihn hereingebracht wurden und die ihrem tieferen Wesen nach mit der Entwicklung des Lebensgeistes zu tun haben. Natürlich steht die Eurythmie heute in dieser Beziehung erst am Anfang ihrer Entwicklung. Darauf weist Rudolf Steiner hin, wenn er sagt, daß es heute «selbstverständlich nur ein Lallen sein [kann] gegenüber dem, was einstmals aus dieser Kunst wird entstehen müssen».[33] Trotzdem ist es außerordentlich wichtig, diese Zusammenhänge im Bewußtsein zu tragen; denn das kann eine Grundlage geben für die notwendige Verantwortung gegenüber dieser Kunst, die ihren Ursprung unmittelbar im Christus-Mysterium hat.

☆

Das nächste Fest nach Himmelfahrt ist Pfingsten. Mit ihm ist eine weitere große Kunst verbunden: die Kunst des sozialen Zusammenlebens, die soziale Kunst, die die wahre Gemeinschaft freier Geister entstehen läßt.[34] Auf wunderbare Weise zeigt uns das die Imagination des Pfingstgeschehens. Sie weist uns auf das Entstehen der Urgemeinschaft hin, wo alle zwölf Hauptströmungen der Menschheit ihre individualisierte Vertretung und ihren vollen harmonischen

Zusammenschluß finden. Dieses Urbild einer Gemeinschaft der Zukunft stellt gleichzeitig prophetisch eine höchste Leistung der sozialen Kunst dar. So finden wir in der Pfingst-Imagination, wie auf jeden Menschen der Geist individuell in Feuerzungen niedersinkt. Deshalb hat Rudolf Steiner einmal diesen Geist einen individualisierten Geist genannt.[35] Denn jeder einzelne der zwölf Apostel empfängt seinen eigenen Geistimpuls, und trotzdem ist es immer der gleiche Geist. Dadurch wird auf prophetische Weise der größte Gegensatz im neueren Leben der Menschheit, der Gegensatz zwischen Individualisierung und Gemeinschaft, auf höchster spiritueller Ebene überbrückt. In einer solchen Gemeinschaft geht dann der erste Keim der zukünftigen Geistmensch-Entwicklung auf. Zu ihr gehören die Menschen, die die vom Christus verkündete Taufe mit Geist und Feuer empfangen haben (Joh. 1,27). Das ist die Verwirklichung des großen Ideales der Brüderlichkeit von Menschen eines Geistes über die ganze Erde. Rudolf Steiner weist in seiner *Philosophie der Freiheit* auf dieses Ideal hin, wenn er sagt, daß zwei wirklich freie Menschen nie in Disharmonie oder Widerspruch kommen können.

Mehr esoterisch gesehen, wird diese Weltpfingstgemeinschaft zu einer völligen Neuordnung des Karma in der Menschheit führen. Karma wird dann durch die

Kraft des Christus als seinem Herrn in vollen Einklang mit den Gesetzen des geistigen Kosmos gebracht, was keine Begrenzung, sondern die volle Entfaltung der menschlichen Freiheit in die kosmische Dimension hinein gewährleisten wird. Rudolf Steiner weist mit den folgenden Worten darauf hin: «Nach der Ordnung der geistigen Welt soll das Karma des einzelnen mit dem Gesamtkarma verbunden sein, nicht in beliebiger Weise, sondern so, daß der Gemeindeorganismus ein Abbild der Ordnung im Himmel werde ... Es ist sozusagen die Stiftung der auf die Ich-Natur gebauten Menschheit der Zukunft.»[36]

Aus dem Geschilderten ersehen wir, wie tief die menschlichen Künste mit den Weltengeheimnissen und mit den Jahresfesten verbunden sind. Wenn diese sieben Künste im Jahreskreislauf auf die beschriebene Weise erlebt werden, sind sie den sieben Sternen ähnlich, die der Menschensohn in seiner Hand trägt, so wie es in der Apokalypse beschrieben ist.

☆

Nun bleibt uns noch ein großes Fest übrig: das Sommerfest Johanni. In dieser Zeit hat die Erde ihre Seele und ihren Geist voll ausgeatmet. Sie ist in tiefsten Schlaf versetzt; dessen Offenbarung ist die wunderbar entfaltete Sommernatur. Was während des übrigen

Jahreslaufs mehr aus den Kräften der sieben Planeten geformt und gelenkt wurde, verbindet sich nun durch die Vermittlung der Sonne mit der Führung aus dem Fixsternbereich. Denn damit physischer und ätherischer Leib der Erde in der Zeit, wo ihr seelisch-geistiger Teil in der geistigen Welt weilt, weiter existieren können, muß dieses Physisch-Ätherische durch die höchste Hierarchie von jenseits der Planetenwelt getragen werden. Hier geschieht auf makrokosmischer Ebene das gleiche wie bei dem schlafenden Menschen. Auch in ihn wirken, während sein Geistig-Seelisches in der Nacht außerhalb seines physisch-ätherischen Leibes weilt, die höchsten geistigen Wesenheiten herein. Das bedeutet aber, daß auf dieser abschließenden Stufe alle vorher beschriebenen sieben Künste – wie auch die hinter ihnen stehenden kosmischen Kräfte – zu einer höheren Harmonie gebracht werden müssen, genauso wie die sieben Planeten in ihrem Lauf von der Tierkreissphäre umfaßt werden.

Welche Kunst kann noch höher, noch umfassenderer als die sieben genannten sein? Welche Kunst kann als Oktave alle sieben beschriebenen Stufen umfassen?

Wir haben gesehen, wie die sieben Künste mit gewissen kosmischen Tätigkeiten verbunden sind, die gerade in den Jahresfesten zum Ausdruck kommen. Dabei haben wir nicht nur über die sieben irdischen

Künste gesprochen, sondern auch über ihre geistigen Quellen, ihre kosmischen Ursprünge. Wir haben hingewiesen auf die Architektonik der kosmischen Gedanken, dann auf die plastischen kosmischen Formkräfte, auf die Sphäre der kosmischen Imagination oder kosmischen Malerei, auf die kosmische oder Sphärenmusik, auf das kosmische Wort, auf die kosmischen Quellen der Eurythmie, die aus dem Zusammenwirken aller Kräfte des Ätherkosmos entstanden ist, und zuletzt auf die soziale Kunst, deren Ursprung im Zusammenwirken von Menschen zu suchen ist, die sich ihrer kosmischen Herkunft bewußt sind. Was vereinigt alle diese sieben kosmischen Tätigkeiten? Es ist ihr kosmischer Ursprung und Charakter, und daraus ergibt sich eine achte, abschließende Kunst, die gleichzeitig die höchste ist: die Kunst, im Einklang zu leben mit dem ganzen Kosmos. Denn in dieser Kunst ruhen, wie in einem mächtigen Schoße, alle anderen kosmisch-irdischen Künste. Und der Hauptweg, diese höchste Kunst zu betätigen, ist das bewußte Miterleben des Jahreskreislaufs und das Mitvollziehen der Jahresfeste, die das Ziel haben, das Christus-Wesen, das die ganze Fülle der kosmischen Kräfte auf die Erde gebracht hat, mehr und mehr als neuen Geist der Erde zu erleben.

Es gibt aber noch einen Aspekt des Johanni-Festes, der uns seine besondere Stellung im Jahreskreislauf vielleicht am deutlichsten zeigen kann. Denn bei diesem Fest wird der Geburt der ältesten Individualität der Menschheit gedacht, die an der Zeitenwende unter dem Namen Johannes der Täufer auftritt.[37] Er ist der letzte große Prophet der alten Welt und zugleich der erste Vorverkünder des neuen, christlichen Zeitalters. Aus seiner ganzen weltumfassenden Weisheit, die noch aus der Vatersphäre kam, stammen seine berühmten Worte: «Er muß wachsen, ich aber muß abnehmen» (Joh. 4,30), das heißt, der kleine, begrenzte, irdische Mensch muß abnehmen, aber der kommende, kosmische Zukunftsmensch muß wachsen. Das ist das größte Bekenntnis des Menschen am Ende der vorchristlichen Zeit, noch vor dem Mysterium von Golgatha. – Diese Worte finden wir abermals in christlicher Zeit, jedoch in ganz veränderter Form. Was Johannes der Täufer als die reinste Offenbarung der Vaterkräfte aussprach, das tönt uns, jetzt aus den Sohneskräften geboren, in dem neuen Wort des Apostels Paulus entgegen: «Nicht Ich, sondern Christus in mir» (Gal. 2,20), das heißt nicht der kleine, begrenzte, irdische Mensch, sondern der kosmische Mensch, der Christus in mir. Das ist die Wiedergeburt der Worte des Johannes aus der Sohnes-, aus der Christus-Sphäre.

Nun haben diese Worte gerade in unserer Zeit eine dritte Metamorphose durchgemacht. Sie wurden im

20. Jahrhundert noch einmal geboren, aber jetzt nicht nur aus den Vaterkräften und nicht nur aus den Sohneskräften, sondern aus den die Vater- und Sohneskräfte zusammenfassenden Kräften des Geistes. Diese Worte finden wir bei Rudolf Steiner als ersten Leitsatz, als eine Formel, mit der er aus dem Geiste heraus das Wesentlichste der Anthroposophie beschreibt: «Anthroposophie ist ein Erkenntnisweg, der das Geistige im Menschenwesen zum Geistigen im Weltenall führen möchte. Sie tritt im Menschen als Herzens- und Gefühlsbedürfnis auf.»[38] Das Geistige im Menschen zum Geistigen im Kosmos führen – dazu ist das bewußte Erleben des Jahreskreislaufs und seiner Feste der sicherste Weg. Er verbindet die Anthroposophie mit der ganzen Entwicklung des Christentums auf unserer Erde. In diesem Sinne sagt Rudolf Steiner, daß das Schicksal der Anthroposophie das des Christentums zugleich sein möchte.[39]

In allen Zeiten hatten die Künste ein starkes gemeinschaftsbildendes Element. Heute ist es möglich, diesen Impuls durch die Verbindung, die zwischen den verschiedenen Künsten, dem Jahreskreislauf und seinen Festen hergestellt werden kann, wesentlich zu vertiefen und zu verstärken. Dadurch vermögen die Künste, die Menschen mehr und mehr mit ihrem kosmischen Ursprung zu verbinden und zu den oben erwähnten zentralen Aufgaben der Anthroposophie beizutragen. So werden sie einerseits eine harmonische Verbindung mit der Wissenschaft finden, da sie ihre Inspirationen aus dem natürlichen Jahreskreislauf schöpfen, und andererseits durch die Jahresfeste eine Verbindung zu den religiösen Impulsen herstellen, welche die heutige Menschheit ganz besonders braucht. (Die religiösen Impulse sind hier nicht im Sinne irgendeines Bekenntnisses gemeint, sondern als unmittelbar aus dem bewußten Zusammenleben mit dem kosmischen Dasein im Jahreskreislauf hervorgehend. Auf diese «Rückbindung» des Menschen an ein Göttliches weist auch die Deutung des lateinischen Wortes *religio* hin, das schon in frühchristlicher Zeit mit *religare*, anbinden, befestigen in Verbindung gebracht wurde.) Dann kann das große Ideal der Synthese von Wissenschaft, Kunst und Religion auch mehr und mehr verwirklicht werden, so wie es im wahren Rosenkreuzertum schon durch Jahrhunderte veranlagt wurde.

In diese Richtung arbeitend, werden sich die Menschen vorbereiten, nicht nur als einzelne Geistesschüler, sondern als Gemeinschaft die Schwelle zur geistigen Welt bewußt zu überschreiten. Es wird auf der Erde mit der Zeit eine Gemeinschaft oder Gesellschaft entstehen, die in voller Harmonie mit den kosmisch-geistigen Kräften lebt und die imstande ist, ihre Kraft unmittelbar aus dem Kosmos zu schöpfen und dadurch ein Tor für diesen auf der Erde zu bilden. Ein solches Zusammenleben mit dem kosmischen Dasein bezeichnete Rudolf Steiner als umgekehrten Kultus.[40] Nicht steigen da die Engel zu den Menschen herab, sondern die Menschen zu den Engeln hinauf, um von ihnen die Impulse zu empfangen, die sie für ein menschenwürdiges Dasein und unsere Erde für ihre Heilung mehr und mehr brauchen werden. Eine solche Gemeinschaft wird dann ein Tor bilden, durch das die kosmischen Kräfte unmittelbar in das Leben der Erde, alles verwandelnd und erneuernd, hereinfließen können. Und in dem einzelnen Menschen wird verstärkt das Gefühl entstehen, daß er als Individuum, aber gemeinsam mit ähnlich Strebenden, eingebettet ist in den Strom des kosmischen Geschehens.

Dieses Gefühl vermag auch den Menschen, die mit der Anthroposophie verbunden sind, Mut und Kraft zu geben, in der Welt diejenigen Aufgaben zu erfüllen, die heute aus dem wahren michaelischen *Zeitgeist* erfüllt werden sollen.

Ergänzende Gedanken

Wenn man auf den Jahreskreislauf hinschaut, kann man ihn als einen lebendigen Atmungsprozeß erleben, der dem menschlichen Ein- und Ausatmen ähnelt.

Das Einatmen des Erdenorganismus entspricht der absteigenden Jahreshälfte vom Hochsommer durch den Herbst zum Winter, sein Ausatmen dagegen der anderen Hälfte vom Winter durch den Frühling zum Sommer. Das Einatmen ist mit der ganzen Menschheitsvergangenheit verbunden, stellt doch das absteigende Jahr bis in die natürlichen Prozesse hinein das Eintreten des Geistig-Seelischen in die Materie dar. Hier wird der Geist Fleisch. In dieser Entwicklung lebt die große, von den Hierarchien in der Vergangenheit in sie hineingelegte Weisheit. Diese aber kann die immer stärker werdenden Todeskräfte im Menschen und in der Natur nicht überwinden. Auch die in dieser Zeit gefaßten Gedanken und Begriffe können sich den Todeskräften nicht entziehen, wenn sie nicht durch eine architektonisch-plastisch-bildhafte oder imaginative Entwicklung des Denkens belebt werden. So offenbart uns der Herbst die große Schönheit der vergangenen, sterbenden Welt. Aber mit diesem Absterben ist auch die Individualisierung des Menschen verbunden. Als Individuum versucht der Mensch, diese schöne und weise alte Weltenordnung vor dem Ersterben zu retten. Das geschieht durch die Künste, die zu dieser Jahreshälfte und ihren Festen gehören: die Raumkünste. Die Architektur offenbart die Gesetzmäßigkeiten des physischen Leibes, die Skulptur die des Ätherleibes, die Malerei die des Astralleibes.

Aber der Christus hat durch die Überwindung des Todes zu dieser Vergangenheit die Zukunft hinzugebracht. Dadurch bekommen die Zeitkünste der anderen Jahreshälfte eine neue, in die Zukunft führende Bedeutung. Musik, Wortkunst, Eurythmie und Soziale Kunst beleben nicht mehr nur die Vergangenheit, sondern sind auf dem Wege, Mit-Schöpfer an der Natur zu werden. So wie die drei Raumkünste die Erinnerung sind an das Hervorgehen des Menschlichen aus dem Kosmischen, so sind die zeitlichen Künste ein Vorahnen dessen, daß das inzwischen durch eine Evolution hindurchgegangene Menschliche in das Kosmische zurückkehrt. Dieser Vorgang entspricht der aufsteigenden Jahreshälfte. In ihr geschieht auf natürliche Weise das Lösen des Geistig-Seelischen vom Physischen und sein Aufsteigen in das kosmische Dasein. Das ist der Weg in die Zukunft: Die in der Natur und im Menschen wirkenden Todeskräfte werden durch den Geist überwunden, das sterbende Fleisch wird Geist. Dieser Prozeß ist nicht mehr mit der Weisheit, sondern mit dem Willen und mit dem in ihm enthaltenen Leben verbunden. So werden die in diesem Willen ruhenden Zukunftskeime durch die musikalisch-dichterisch-sozialen Künste gestaltet und zur Erscheinung gebracht. Der Individualisierung in der anderen Jahreshälfte steht in dieser der soziale Impuls gegenüber, der die Schönheit der zukünftigen Welt ahnen läßt. Hier legt der Mensch die Grundlage für einen neuen Kosmos. Rudolf Steiner sagte einmal, daß die absteigende Jahreshälfte mit den Karmakräften verbunden sei.[41] Im Karma wird die Vergangenheit bewahrt. Diesen Charakter haben auch die Raumkünste; einmal geschaffen, bleiben sie in der Welt bestehen. Die andere Jahreshälfte ist mit der Freiheit verbunden. Ihre Offenbarungen sind die Zeitkünste, die immer mit der unmittelbaren Tätigkeit des Menschen verbunden sind und ohne menschliches Mitwirken nicht existieren können.

Eine mittlere Stellung innerhalb der sieben Künste nimmt die Musik ein, die im Tanz den räumlichen, im Singen aber den zeitlichen Künsten zuneigt und dadurch eine Brücke zwischen beiden bildet.

So wird sichtbar, wie in den räumlichen Künsten die letzten Reste aus der Zeit zu bemerken sind, da der Mensch noch ohne sein Zutun durch die Hierarchien geführt wurde. Und bei den zeitlichen Künsten kann man ahnen, was in der Zukunft aus der freien

Initiative des Menschen, auch im Sozialen, entstehen wird.

☆

Der Jahreskreislauf und seine Hauptfeste haben aber noch einen tieferen Aspekt, der hier nicht unerwähnt bleiben soll. Denn die großen Feste des Jahres sind auch ein irdisches Abbild der kultischen Geschehnisse, die in der Welt der Hierarchien ihren Ursprung haben. In den aufsteigenden Reihen der göttlich-geistigen Hierarchien werden unterschieden zum einen die Engel, die die einzelnen Menschen führen, sodann die Erzengel, die die Leiter der verschiedenen Völker der Erde sind, und weiterhin die Archai, welche die ganze Menschheit von Epoche zu Epoche leiten. Zu den Archai gehört auch der führende Zeitgeist unserer Gegenwart, Michael, mit dessen Fest wir unsere Betrachtung der Jahresfeste begonnen haben. Von diesen drei Arten geistiger Wesenheiten leisten vor allem die Archai gegenüber den noch höher stehenden Hierarchien einen Opferdienst. So haben wir hinter dem Michaelfest die Opfertaten, welche die zur Hierarchie der Archai gehörenden Wesenheiten der nächst höheren Hierarchie, den Geistern der Form, bringen. Dadurch entsteht ein kosmisches Urbild der architektonischen Kunst.

Hinter der Adventszeit steht in diesem Sinne ein weiteres Opfer: das der Geister der Form gegenüber den Geistern der Bewegung; als Abbild dieses Prozesses haben wir die plastische Kunst als Übergang aus der Welt der Form in die Welt der Bewegung. Auf die gleiche Weise stehen hinter Weihnachten die Opfertaten der Geister der Bewegung gegenüber den Geistern der Weisheit, was auf reinste Weise in der Imagination der göttlichen Sophia, der Weltenweisheit, zum Ausdruck kommt. Das Zusammenwirken der Geister der Weisheit und der Throne verbirgt sich hinter dem Epiphaniasfest. Bei der Beschreibung der Taufe im Jordan spricht das Evangelium von der Stimme aus der hohen Vatersphäre. Das ist die Sphäre, aus der durch das Opfer der Geister des Willens die erste Inkarnation unserer Erde hervorging. Auf diesen Urbeginn weist der Anfang des Johannes-Evangeliums hin. In unserem Planetensystem sind die Geister des Willens oder Throne mit der Saturnsphäre verbunden; die nächste Hierarchie aber, die Cherubim, ragen darüber hinaus und wirken aus der reinen Sternenwelt. Diese Fixsternkraft kommt im Auferstehungsleib Christi zur Offenbarung, der deshalb auch ein Sternenleib genannt werden kann. So haben wir hinter dem Ostergeschehen ein opfervolles Zusammenwirken von Thronen und Cherubim. Dagegen steht hinter der Imagination der Himmelfahrt etwas, was mit keiner Planetensphäre verbunden ist. Da opfern sich die reinen Sternenwesenheiten der Cherubim den noch höheren Sternenwesenheiten der Seraphim. So müssen wir das Urbild der Himmelfahrt in der reinen Sternensphäre suchen, zu der auch der höchste Aspekt der Sonne als eines Fixsternes gehört. Zu Pfingsten wenden sich die Seraphim derjenigen Sphäre zu, die über dem hierarchischen Kosmos liegt und in der christlichen Esoterik als die Sphäre des Heiligen Geistes bezeichnet wird. Von dort empfangen sie die Geistimpulse, die dann durch alle unter ihnen stehenden Hierarchien bis in die irdischen Verhältnisse wirken können. Zu Johanni schließlich öffnet sich die ganze Erde den Kräften, die aus der überhierarchischen Sphäre kommen. Aus diesem Grund bringt Rudolf Steiner Johanni mit der Offenbarung der Trinität zusammen.[42] Der Geist geht vom Sohn aus, der sich voll mit den Vaterkräften erfüllt. Das Abbild dieser höchsten Sphäre bildet *im irdischen Dasein* die dritte Hierarchie, so daß die Engel der Menschheit die Geistimpulse, die Erzengel die Sohnesimpulse und die Archai die Vaterimpulse bringen. Dadurch geschieht ein Übergang von Johanni zu Michaeli, wo die von oben nach unten empfangene Substanz im Sinne des immerwährenden Kultus durch den weiteren Jahreskreislauf ihren Weg nach oben beginnt. Zu Michaeli opfern sich die Archai den Geistern der Form, zu Advent die Geister der Form den Geistern der Bewegung und so fort.

So haben wir im Jahreskreislauf und seinen sieben Festen das Abbild und die Offenbarung dessen, was ein sich ständig in der Welt der Hierarchien vollziehender großer kosmischer Kultus genannt werden kann.

Anmerkungen

Zitate ohne Autorenangabe sind dem Werk Rudolf Steiners entnommen. Zitiert wird nach der im Rudolf Steiner Verlag, Dornach, erschienenen Gesamtausgabe (Bibl. Nr. GA).

1 *Der Jahreskreislauf als Atmungsvorgang der Erde und die vier großen Festeszeiten. Die Anthroposophie und das menschliche Gemüt* (1923). GA 223, [7]1990.
2 Vortrag in Arnheim, 19. Juli 1924. In: *Esoterische Betrachtungen karmischer Zusammenhänge.* Sechster Band. GA 240, [5]1992. Und: Vortrag in Torquay, 18. August 1924. In: *Das Initiaten-Bewußtsein,* GA 243, [5]1993.
3 Vortrag in Arnheim, 19. Juli 1924. Siehe Anm. 2.
4 *Die Geheimwissenschaft im Umriß* (1910). Kap. Die Erkenntnis der höheren Welten. GA 13, [29]1977.
5 Über spirituelle Erkenntnis als «die Gabe von Michael» sprach Rudolf Steiner am 2. Mai 1913 in London. In: *Vorstufen zum Mysterium von Golgatha.* GA 152, [3]1990.
6 So in Wien am 28. September 1923. Siehe Anm. 1.
7 «Der Mensch in seiner makrokosmischen Wesenheit» (1925). In: *Anthroposophische Leitsätze,* GA 26, [9]1989.
8 Siehe Anm. 4.
9 Vortrag in Berlin, 7. Februar 1913. In: *Die Mysterien des Morgenlandes und das Christentum,* GA 144, [4]1985. Und Vortrag in Breslau, 9. Juni 1924. In: *Esoterische Betrachtungen karmischer Zusammenhänge.* Fünfter Band. GA 239, [3]1985.

10 Vortrag in Berlin, 28. Oktober 1909. In: *Kunst und Kunsterkenntnis.* GA 271, ³1985.

11 Vortrag in Dornach, 15. November 1919. In: *Soziales Verständnis aus geisteswissenschaftlicher Erkenntnis. GA 191,* ³1989.

12 Vortrag in Basel, 21. September 1909. In: *Das Lukas-Evangelium.* GA 114, ⁸1985.

13 Vortrag in Hamburg, 31. Mai 1908. In: *Das Johannes-Evangelium.* GA 103, ¹⁰1981.

14 Zur Entstehung von Raffaels Sixtinischer Madonna vergleiche Sergej O. Prokofieff, *Ewige Individualität. Zur karmischen Novalis-Biographie.* Dornach 1987.

15 Zum Unterschied zwischen Hellsehertum und Einweihung vergleiche das zweite Kapitel in *Die geistige Führung des Menschen und der Menschheit.* GA 15, ¹⁰1987.

16 Daß die Grenze zwischen Hellsichtigkeit und Einweihung im eigentlichen Sinn zwischen imaginativer und inspirierter Erkenntnis verläuft, geht auch aus den Ausführungen Rudolf Steiners in Basel am 15. September 1909 hervor. In: *Das Lukas-Evangelium.* GA 114, ⁸1985.

17 Siehe Anm. 4.

18 Siehe Anm. 4.

19 Näheres dazu im Vortrag vom 4. Juni 1924 in Dornach. In: *Esoterische Betrachtungen karmischer Zusammenhänge.* Zweiter Band. GA 236, ⁶1988.

20 Vortrag in Torquay, 22. August 1924. In: *Das Initiaten-Bewußtsein.* GA 243, ⁵1993.

21 Matth. 3,17. – So übersetzt Rudolf Steiner im Vortrag vom 3. Juli 1909 in Kassel. In: *Das Johannes-Evangelium im Verhältnis zu den drei anderen Evangelien.* GA 112, ⁶1984.

22 Vortrag in Dornach, 28. Juli 1922. In: *Das Geheimnis der Trinität.* GA 214, ²1980.

23 Kapitel «Von dem ‹wahren Ich› des Menschen» in *Die Schwelle der geistigen Welt.* GA 17, ^{7}1987.

24 Siehe Anm. 4.

25 *Die Weihnachtstagung zur Begründung der Allgemeinen Anthroposophischen Gesellschaft.* GA 260, ^{4}1985. – Vergleiche auch Sergej O. Prokofieff, *Rudolf Steiner und die Grundlegung der neuen Mysterien.* Stuttgart 1986, Kapitel 5.

26 Vortrag in Dornach, 2. Dezember 1923. In: *Mysteriengestaltungen.* GA 232, ^{4}1987.

27 Vortrag in Köln, 29. Dezember 1907. In: *Mythen und Sagen. Okkulte Zeichen und Symbole.* GA 101, ^{2}1992.

28 Vortrag in Dornach, 22. November 1919. In: *Die Sendung Michaels.* GA 194, ^{3}1983.

29 Vortrag in Mailand, 21. September 1911. In: *Das esoterische Christentum und die geistige Führung der Menschheit.* GA 130, ^{3}1987.

30 Sergej O. Prokofieff, *Der Jahreskreislauf als Einweihungsweg zum Erleben der Christus-Wesenheit.* Stuttgart ^{2}1989.

31 J. W. Goethe, *Maximen und Reflexionen.* Hamburger Ausgabe, Bd. 12, S. 467.

32 Vortrag in Dornach, 7. Mai 1923: «Die Himmelfahrtsoffenbarung und das Pfingstgeheimnis». In: *Die menschliche Seele in ihrem Zusammenhang mit göttlich-geistigen Individualitäten.* GA 224, ^{3}1992. – Über die Verhärtungs- und Austrocknungsprozesse im menschlichen Ätherleib während der fünften nachatlantischen Epoche spricht Rudolf Steiner auch im Vortrag in Dornach am 20. November 1914. In: *Der Zusammenhang des Menschen mit der elementarischen Welt ... Die Welt als Ergebnis von Gleichgewichtswirkungen.* GA 158, ^{4}1993.

33 Vortrag in Dornach, 29. Dezember 1914. In: *Kunst im Lichte der Mysterienweisheit.* GA 275, ^{3}1990.

34 Die Grundlage für diese höchste Kunst wurde von Rudolf Steiner bereits im zweiten Teil seiner *Philosophie der Freiheit* (1894) geschaffen. GA 4, [15]1987.

35 Vortrag in Hamburg, 15. Mai 1910: «Pfingsten, das Fest der freien Individualität». In: *Das Ereignis der Christus-Erscheinung in der ätherischen Welt.* GA 118, [3]1984.

36 Vortrag in Bern, 11. September 1910. In: *Das Matthäus-Evangelium.* GA 123, [7]1988.

37 Vortrag in Hamburg, 22. Mai 1908. In: *Das Johannes-Evangelium.* GA 103, [10]1981.

38 Erster Leitsatz in *Anthroposophische Leitsätze.* GA 26, [9]1989.

39 Ansprache in Kristiania (Oslo), 17. Mai 1923. In: *Menschenwesen, Menschenschicksal und Welt-Entwickelung.* GA 226, [5]1988.

40 Vortrag in Stuttgart, 3. März 1923. In: *Anthroposophische Gemeinschaftsbildung.* GA 257, [4]1989.

41 Vortrag in Dornach, 4. Juni 1924. In: *Esoterische Betrachtungen karmischer Zusammenhänge.* Zweiter Band. GA 236, [6]1988.

42 Vortrag in Dornach, 12. Oktober 1923. In: *Das Miterleben des Jahreslaufes in vier kosmischen Imaginationen.* GA 229, [7]1989.

SERGEJ O. PROKOFIEFF

Der Jahreskreislauf als Einweihungsweg zum Erleben der Christus-Wesenheit

Eine esoterische Betrachtung der Jahresfeste

Aus dem Russischen von Ursula Preuß.
3., nochmals durchgesehene und erweiterte Auflage 1994/1995.
Ca. 512 Seiten, gebunden mit Schutzumschlag.

Aus dem Inhalt: Das Michaelfest: Ein Tor der modernen Einweihung / Das Adventsmysterium als Mysterium der nathanischen Seele / Das Weihnachtsmysterium / Von Epiphanias bis Ostern / Der Weg vom Advent bis Ostern durch die sieben Mysterientugenden / Das Ostermysterium / Das Himmelfahrtsmysterium / Das Pfingstmysterium / Ostern – Himmelfahrt – Pfingsten / Johanni / Der Weg des Christus und der Weg Michaels durch den Jahreskreis / Die Mysterien des ätherischen Christus in der Gegenwart.

«Die Komposition des Buches wurde so gestaltet, daß es neben seiner Hauptaufgabe, eine Hilfe für das Verständnis des esoterischen Wesens des Jahreslaufs zu sein, auch als eine Art Führer durch seine wichtigsten Feste dienen kann. In diesem Fall mag es den Jahresfesten entsprechend kapitelweise gelesen werden und als Grundlage zur Vertiefung ihres Verständnisses dienen.»

Aus dem Vorwort

VERLAG FREIES GEISTESLEBEN

SERGEJ O. PROKOFIEFF

Rudolf Steiner und die Grundlegung der neuen Mysterien

Aus dem Russischen von Ursula Preuß.
Zweite, durchgesehene und erweiterte Auflage 1986.
493 Seiten, gebunden.
Anregungen zur anthroposophischen Arbeit, Band 11.

Aus dem Inhalt: Das Mysterium von Rudolf Steiners Lebensweg: Die Lehrjahre / Die große Sonnenperiode / Der Weg des Menschheitslehrers.
Die Geburt der neuen Mysterien: Das irdische und das übersinnliche Goetheanum / Die Weihnachtstagung 1923 / Die Grundstein-Meditation.
Anthroposophie – Die Weltpfingstbotschaft: Die Michael-Epoche und das neue Gralsereignis.

«In der Betrachtung von Rudolf Steiners Lebensgang wollen wir behutsam den Versuch machen, den Schleier von den verborgenen Schichten seines Lebens und den Geheimnissen der Weihenacht von 1923 ein wenig zu lüften. Denn in den Geschehnissen dieser Tage sehen wir eine Vollendung und zugleich einen neuen Anfang.»

Sergej O. Prokofieff

SERGEJ O. PROKOFIEFF

Die okkulte Bedeutung des Verzeihens

Aus dem Russischen von Ursula Preuß.
Dritte, nochmals durchgesehene und erweiterte Auflage 1994/1995.
230 Seiten, Leinen.

Was heißt heute verzeihen? Sergej Prokofieff gibt eine weit ausgreifende Darstellung eines zentralen Motivs christlicher Moralität und Spiritualität.

Aus dem Inhalt: Die Aktualität des Verzeihens in unserer Zeit / Die fünfte Bitte des Vaterunser und die fünfte nachatlantische Kulturepoche / Sieben Beispiele des Verzeihens / Das Wesen des Verzeihens aus geisteswissenschaftlicher Sicht / Das Verzeihen als ein Bestandteil des modernen Weges zu dem Christus / Über die okkulte Bedeutung des Verzeihens / Das Wesen des Verzeihens und die siebengliedrige manichäische Einweihung / Der manichäische Impuls im Leben Rudolf Steiners.

VERLAG FREIES GEISTESLEBEN

KLAUS DUMKE

Im Blick des Erzengels

Zu den Jahreszeiten-Imaginationen Rudolf Steiners
133 Seiten, Leinen

Auf der Grundlage der vier kosmischen Jahreszeiten-Imaginationen Rudolf Steiners zeichnet Klaus Dumke den Weg zu einer erneuten, konkreten Begegnung mit den im Jahreslauf wirkenden geistigen Wesenheiten.

Aus dem Inhalt: Ostern im Gang des Jahres. Zur «Oster-Imagination» / Johanni im Gang des Jahres. Zur «Johanni-Imagination» / Michaeli im Gang des Jahres. Zur «Michaeli-Imagination» / Weihnachten im Gang des Jahres. Zur «Weihnachts-Imagination». / Der Jahreskreislauf – Ein Ergebnis alter Sonnentaten der Erzengel.

«Begegnet der Mensch in dem selbsterweckten Geistbewußtsein den Erzengeln in den Höhen, auf dem Gipfel der jeweiligen Jahreszeit, so begegnet er vor allem dem ‹Blick› dieser Wesen. Und dieser Blick ist verschieden, je nachdem, von welchem der Wesen er ausgeht.»

Klaus Dumke

VERLAG FREIES GEISTESLEBEN

Studien und Versuche

20

GEORG KÜHLEWIND

Das Leben der Seele zwischen Überbewußtsein und Unterbewußtsein

Elemente einer spirituellen Psychologie

23

HEINZ MOSMAN

Wladimir Solowjoff und «die werdende Vernunft der Wahrheit»

Keime zu einer Philosophie des Geistselbst

34

WOLFGANG SCHAD

Verantwortbare Freiheit aus Menschenverständnis

Zur individuellen und gesellschaftlichen Problemlage des Schwangerschaftsabbruchs

38

CHRISTOPH LINDENBERG

Motive der Weihnachtstagung im Lebensgang Rudolf Steiners

VERLAG FREIES GEISTESLEBEN